CONTEMPLACIÓN FILOSÓFICA
Teoría y técnicas para el contemplador

Loyev Books

CONTEMPLACIÓN FILOSÓFICA

Teoría y técnicas para el contemplador

RAN LAHAV

Traducido por Carmen Zanetti

Loyev Books

ISBN-13: 978-1-947515-01-7

Copyright © 2018 Ran Lahav.
Todos los derechos reservados
Foto de portada © 2018 Ran Lahav

Loyev Books
philopractice.org/web/loyev-books
1165 Hopkins Hill Road, Hardwick, Vermont 05843
USA

Indice

Prefacio	vii
Capítulo 1: ¿Por qué contemplación filosófica?	1
Capítulo 2: ¿Qué es la contemplación filosófica?	7
Capítulo 3: Profundidad, profundidad interior y la experiencia de Lu	18
Capítulo 4: Principios prácticos	29
Capítulo 5: Preparándose para la contemplación	41
Capítulo 6: Procedimientos de la contemplación	49
Capítulo 7: Experiencias contemplativas típicas	61
Capítulo 8: Después de contemplar	67
Capítulo 9: El contemplador filosófico	71
Capítulo 10: Textos para la contemplación	77

Loyev Books

PREFACIO

Mi primer encuentro con la práctica de la *contemplación de textos* fue hace más de dos décadas, en el monasterio contemplativo Trapense. Estuve de visita en el monasterio unos pocos días de retiro tranquilo e inmediatamente me sentí cautivado por la calmada y solemne actitud de los monjes, si bien nunca creí en su fe religiosa. Los años siguientes, los monjes, amablemente, permitieron que me quedara en su monasterio durante periodos de tiempo más largos y que compartiera su tranquila vida diaria sin tratar nunca de convertirme a su religión. Me siento agradecido por sus corazones abiertos y por ofrecerme esta experiencia transformativa. Durante muchos años, pasé periodos continuados de varias semanas o meses en el monasterio, y la tranquila vida de contemplación me tocó e inspiró profundamente. Aprendí lo que significa vivir una vida contemplativa y alimentar el silencio interior.

Entre otras cosas, también aprendí cómo leer un texto de un modo contemplativo, abriendo dentro de mí un espacio de escucha interior y dejando que el texto hablara dentro de mí y despertara en mí profundos *insights*.[1] Al principio, utilizaba los libros de los monjes, pero, tras un

---

1. En el contexto de este libro, la palabra *insight* se refiere a una idea que permite que nos demos cuenta o veamos algo con claridad, es decir una idea iluminadora.

tiempo, comencé a sentirme incómodo con estos textos religiosos. Si no creía en las doctrinas que ellos proclamaban, ¿cómo podría sumergirme completamente en ellos?

Comencé a experimentar con otro tipo de textos y pronto descubrí aquellos que me funcionaban mejor. Me di cuenta de que, para que un texto funcione, tenía que hablar sobre la realidad fundamental –pero sin dogmatismos–. Esta toma de conciencia me permitió experimentar con pasajes de libros de filosofía y rápidamente descubrí que eran lo que estaba buscando. La filosofía, después de todo, explora las dimensiones básicas de la existencia, y lo hace de una forma no tan dogmática. Por aquel tiempo, yo era un joven profesor de filosofía en la universidad, así que ya estaba acostumbrado a leer filosofía.

El descubrimiento de que los textos filosóficos podían servir como material para la contemplación fue un punto de inflexión para mí. Desde entonces, durante más de veinticinco años, he estado realizando contemplación, casi diariamente, sobre un texto seleccionado, a menudo del pensamiento occidental aunque, a veces, también de la tradición Asiática o de las tradiciones religiosas de Occidente. Descubrí que esto era una profunda fuente de inspiración, un manantial de ideas y de plenitud. A lo largo de los años, también he enseñado y he sido el mentor en esta práctica con grupos e individuos.

El presente manual está basado en mi viaje personal por el reino de la contemplación de textos filosóficos y espirituales. Este ámbito brinda algunos conceptos y pautas básicos para aquellos que sienten el anhelo de embarcarse en un viaje similar. En cierto sentido, la contemplación no tiene líneas directrices, ya que es mucho más que una técnica –nace en la profundidad interior de uno, es animada por un corazón anhelante y tiene su propio y singular ritmo y vida. Sin embargo, las pautas pueden resultar de ayuda si uno las toma como punto de partida, no como reglas estrictas que deben seguirse al pie de la letra.

Capítulo 1

¿POR QUÉ CONTEMPLACIÓN FILOSÓFICA?

Practicamos la contemplación filosófica porque anhelamos conectar con una fuente de sabiduría y de comprensión que es más grande y más profunda que nuestros patrones habituales de pensamiento. La filosofía trata con las dimensiones fundamentales de la realidad, y la contemplación filosófica puede ayudarnos a trascender nuestros límites normales.

La filosofía no puede proporcionarnos soluciones para los temas de la vida, ni teorías definitivas sobre la vida, ni directrices para la felicidad o el éxito. Su poder reside, no en su capacidad para suministrar respuestas, sino en hacer que el proceso de búsqueda sea más completo y más rico. A través de la contemplación filosófica nos acercamos hacia horizontes más amplios.

Pero para que esto ocurra, debemos asumir una actitud que sea abierta y atenta, y que no se limite al pensamiento teórico objetivo. Es fácil filosofar en abstracto sin permitir que la filosofía nos toque o nos inspire. Esto es por lo que en la contemplación filosofamos principalmente no sobre nuestros pensamientos abstractos (aunque esto también sea valioso), sino desde nuestra profundidad interior. En otras palabras, no simplemente *discutimos* ideas filosóficas, las *contemplamos*, lo cual significa que nos abrimos nosotros mismos a su poder para actuar dentro de nosotros y para despertar dimensiones de comprensión dormidas.

Cuando la contemplación es exitosa, el resultado es una experiencia poderosa: la experiencia de ser tocados por una realidad mayor, el regocijo de ser parte de horizontes de vida más amplios y, en consecuencia, un sentido de inmensa realidad. La contemplación filosófica es parte de una historia de amor. Emerge de un anhelo que, como Platón explica, busca la realidad más elevada. Practicamos la contemplación filosófica porque, utilizando su terminología, estamos animados por Eros –por el anhelo de conectar con la verdad y con la realidad–. Contemplamos porque estamos enamorados.

Se podría decir que esto es un impulso "espiritual" y una búsqueda "espiritual". No tengo ninguna objeción hacia esta palabra, en tanto que recordemos que esta búsqueda no tiene gurús ni autoridades religiosas, ni escrituras sagradas, ni doctrinas, ni santos, ni ángeles, ni revelaciones divinas, ni milagros. Se trata de una indagación que está siempre abierta y libre de dogmas, siempre en camino hacia los confines del entendimiento humano.

La utilización de textos filosóficos

Si queremos contemplar cuestiones fundamentales, no podemos comenzar de la nada, como si no se hubiera dicho nada sobre el tema antes de nosotros. Deberíamos recordar las voces filosóficas del pasado. Los escritos de filósofos profundos a lo largo de la historia son un intento de la humanidad de abordar los temas fundamentales de la vida, que es de lo que trata la filosofía. Ellos, como nosotros, son parte de la humanidad, y nuestro filosofar es parte de un encuentro interminable de la humanidad con los temas fundamentales de la vida.

Una idea filosófica profunda –de Platón, o de Spinoza, Schopenhauer, Bergson– no es simplemente la opinión privada de alguien. Un pensador no es un átomo independiente, sino parte de la realidad humana. Sus pensamientos provienen parcialmente de una búsqueda personal, parcialmente de una actitud cultural hacia la vida, y, en una gran parte, de la existencia humana en general. En este sentido, los pensadores escriben no simplemente desde sí mismos sino desde la humanidad.

Por esta razón, en la contemplación filosófica contemplamos los escritos de filósofos del pasado (y del presente). Cuando los contemplamos, estamos formando parte de un coro humano mayor. Esto no significa que debamos estar de acuerdo con estas voces filosóficas o que tengamos que decidir cuál de ellas es "correcta" y cuál es "incorrecta". Significa, más bien, que "resonamos" con ellas como un cantante con otros compañeros cantantes.

En consecuencia, como contempladores filosóficos nos relacionamos con textos filosóficos históricos de un modo distinto al de los filósofos universitarios comunes. Para muchos académicos, las ideas históricas son teorías abstractas, construcciones históricas, productos filosóficos terminados. A diferencia de ellos, para nosotros los contempladores, las voces del pasado no pertenecen solo al pasado. Son parte de un discurso que aún continúa, parte de un encuentro continuo de la humanidad con la realidad. Las voces del pasado continúan resonando en el presente, y si queremos ser parte de la filosofía, debemos unirnos a ellas y resonar con ellas.

Cuando contemplo ideas o textos filosóficos –no cuando los repito como un obediente estudiante universitario, no cuando los analizo como un historiador, no cuando estoy de acuerdo o en desacuerdo con ellos, sino cuando resueno con ellos de forma personal y creativa desde la profundidad de mi ser–, entonces, me enfrento a la realidad. Esta es la realidad con la que todos los filósofos profundos conversan (y los seres humanos, en general, aunque normalmente, con menos conciencia y profundidad). Cuando resueno desde la profundidad de mi ser con las voces filosóficas de grandes filósofos, entonces la filosofía se vuelve un encuentro genuino con el gran océano en el que yo soy una pequeña ola.

Auto-transformación

La contemplación filosófica es transformadora porque nos ayuda a cambiar nuestro estado mental. Desarrolla una conciencia más plena de las dimensiones ocultas en nosotros y de nuestro encuentro con la realidad. Nuestro yo más familiar es solo la superficie de nuestro ser, solo una parte limitada de nuestros potenciales. Somos más de lo que parecemos ser. La auto-transformación filosófica nos ayuda a la realización de dichos potenciales.

La comprensión de que la vida cotidiana tiende a ser superficial y limitada y de que la filosofía puede ayudar a transformarla hacia la plenitud y la profundidad, ha sido conocida a lo largo de toda la historia de la filosofía. Muchos filósofos importantes han escrito sobre el poder de la filosofía para ayudarnos en el camino hacia la auto-transformación. De acuerdo con Platón, por ejemplo, la filosofía puede mostrarnos la salida de la "caverna" en la que estamos prisioneros hacia el nivel más elevado de la realidad. Los filósofos estoicos, como Marco Aurelio, desarrollaron ejercicios filosófico-contemplativos para trascender las fijaciones psicológicas, para conectar con el verdadero yo (o "daimon"), y para estar en armonía con el Logos del cosmos. Spinoza afirma que la filosofía puede conducirnos a una comprensión de la realidad, que es un estado de bienaventuranza que denomina "un amor intelectual de Dios". La filosofía de la educación de Rousseau explora maneras de protegernos de las alienantes fuerzas sociales y de ayudarnos a cultivar nuestro yo natural. La filosofía de Nietzsche anima a sus lectores a trascender su pequeño yo –el pequeño, asustado, rebaño de animales que somos- y a vivir una vida noble y apasionada, a la que llama el superhombre. La filosofía de Emerson nos llama a abrirnos a nosotros mismos al sobre-alma, una fuente metafísica de creatividad y de inspiración que opera dentro de nosotros. La filosofía poética de Bergson nos enseña a ver las cualidades poéticas y holísticas de la vida; y la lista continúa.

A pesar de las diferencias entre dichos filósofos, evidentemente, tenían una visión parecida: la Filosofía puede mostrarnos la manera de transformar nuestro estado mental y de despertar dimensiones más profundas de nuestro ser. Esta antigua visión está en el corazón de la contemplación filosófica. Cuando nos involucramos en la contemplación filosófica, nos damos cuenta de que las ideas filosóficas tienen un tremendo poder para modificarnos. Para el contemplador filosófico, las ideas filosóficas son fuentes preciosas de crecimiento y de auto-transformación.

Capítulo 2

¿QUÉ ES LA CONTEMPLACIÓN FILOSÓFICA?

La contemplación filosófica es una práctica que consiste en reflexionar sobre temas fundamentales de la vida desde nuestra profundidad interior. Pensamos no desde nuestras opiniones e ideologías, no desde nuestros pensamientos automáticos, sino desde un aspecto de nuestro ser que es más profundo dentro de nosotros que nuestros patrones de pensamiento normal. Esta profundidad interior, una vez despierta, es una fuente de *insights*, de inspiración y de plenitud, pero en la vida cotidiana, en general, está dormida. La contemplación sirve para despertarla, enfocarla y cultivarla.

La contemplación filosófica tiene una larga historia en Occidente. Fue practicada por filósofos de la Grecia antigua y del antiguo mundo Romano, especialmente por los filósofos estoicos, quienes desarrollaron una diversidad de ejercicios espirituales para cultivar el verdadero yo dentro de ellos mismos.[2] En periodos históricos posteriores, la contemplación fue tomada por la religión, tal y como puede verse en los escritos cristianos, judíos y musulmanes de la Edad Media. En

---

2. Pierre Hadot, *The Inner Citadel,* Harvard University Press, Cambridge, 1998.

consecuencia, se convirtió, fundamentalmente, en una actividad religiosa, coloreada con imágenes y doctrinas religiosas. Por ejemplo, a menudo, se practicaba con escrituras religiosas y, con frecuencia, se interpretaba como una comunicación con los ángeles, con los santos o incluso con Dios. Aunque es posible que algunos filósofos continuaran practicando ciertas formas de contemplación no-religiosa, la contemplación dejó de ser parte de la corriente principal de la filosofía.

La práctica de la contemplación filosófica ha sido acogida en los años recientes dentro del campo de la práctica filosófica, un campo que tiene como objetivo hacer relevante la filosofía para las vidas de la gente común. Esta antigua-nueva práctica se realiza, sobre todo, como una actividad grupal –"el acompañamiento filosófico", como lo apodé mientras estaba desarrollando este formato–.[3] Pero la contemplación filosófica no tiene que practicarse en grupo. También la puede practicar un individuo en soledad, quizás incluso más poderosa y profundamente. De hecho, mi contemplación diaria de las dos últimas décadas y media ha sido una práctica solitaria.

---

3. Ran Lahav, *Handbook of Philosophical Companionship*, Loyev Books, Hardwick, 2016.

¿Qué es la contemplación?

En lenguaje común, la palabra "contemplación" se usa, frecuentemente, para referirse a cualquier tipo de pensamiento pero, hablando en propiedad, significa un tipo especial de actividad intelectual-espiritual. Es intelectual en el sentido de que trata sobre ideas, y es espiritual en el sentido de que involucra aspectos más profundos de nuestro ser que están fuera de nuestra psicología normal. La contemplación, por tanto, requiere que asumamos un estado mental especial, normalmente con la ayuda de ejercicios que activan partes profundas de nosotros mismos. Combinando estos dos elementos, el intelectual y el espiritual, podemos decir que, en la contemplación filosófica, trabajamos con ideas filosóficas desde la profundidad de nuestro ser.

Para ver mejor esto, notemos que no todos los tipos de pensamiento son lo mismo. A veces, en la vida cotidiana pensamos centrándonos activamente en una idea y captándola de forma clara, mientras que, en otras ocasiones, nuestro pensamiento consiste en tener muchas ideas flotando en nuestra, apenas perceptible, mente borrosa y vaga. Algunas veces, los pensamientos aparecen en nuestra conciencia de forma espontánea, como por su propio poder, mientras que, otras, las controlamos o las producimos con el esfuerzo de la voluntad. Algunos pensamientos son rápidos, agitados y ruidosos, mientras que otros son tranquilos y pausados.

Algunos pensamientos son lineales, mientras que otros se precipitan rápidamente en millones de direcciones, incluso aunque intentemos ponerlos en orden. Algunos pensamientos están separados de nuestras emociones, mientras que otros están emocionados y enfadados, o celosos, o alegres. Evidentemente, diferentes tipos de pensamiento tienen diferentes poderes de actuar en nosotros: de motivarnos, de influir en nuestro estado mental y de llevarnos a la acción. Puede que dos pensamientos tengan el mismo contenido –puede que se expresen con exactamente las mismas palabras- y, sin embargo, pueden hacer cosas muy distintas en nosotros.

Para nuestro propósito, son especialmente importantes aquellos pensamientos que son profundos dentro de nosotros y que nos tocan profundamente. "Profundo" es, desde luego, una metáfora y más tarde trataré de explorar lo que significa. En términos generales, sin embargo, los pensamientos "profundos" provienen de fuentes que son más básicas o primordiales que nuestros patrones psicológicos normales. Dichos pensamientos todavía no han sido estructurados o "domesticados" por nuestros mecanismos de pensamiento debido a lo cual los experimentamos como algo que nos toca por completo, como algo precioso e inspirador y como algo que es especialmente real. Sin embargo, en la vida diaria son bastante raros. Incluso cuando aparecen, normalmente estamos demasiado ocupados para prestarles mucha atención. Nuestras mentes están llenas de planes, preocupaciones, llamadas de teléfono, e-mails y medios de comunicación, y todos ellos tienden a ahogar nuestros pensamientos profundos y a sofocarlos.

Los pensamientos profundos requieren un espacio interior de silencio y de escucha, lo cual es lo opuesto a la avalancha de pensamientos y de imágenes que llenan nuestras mentes en los momentos normales. La contemplación es una práctica que nos ayuda a mantener este espacio interior y, en consecuencia, a nutrir aquellos pensamientos especiales que surgen en lo profundo de nosotros. Cuando practicamos la contemplación, estamos atentos a nuestra profundidad interior y a los *insights* que surgen de ella en nuestra conciencia. Pero la contemplación no es una escucha pasiva. Es más bien un diálogo activo entre yo y mi profundidad interior. En este diálogo interior puedo recitar determinadas frases o "invitar" nuevos *insights*; puedo reflexionar sobre conceptos o distinciones relevantes para precisar estos *insights*; puedo intentar articular dichos *insights* en palabras; puedo desviar el flujo de pensamientos hacia una determinada dirección; y puedo hacerme preguntas a mí mismo.

Tal diálogo interior no es necesariamente filosófico. Pero si centramos el proceso en ideas o textos filosóficos, entonces se convierte en contemplación filosófica.

¿Qué es filosófico en la contemplación?

¿Qué queremos decir cuando decimos que la contemplación es "filosófica"?

La filosofía es una larga tradición histórica que engloba numerosos pensadores que han desarrollado, a lo largo de los siglos, un amplio espectro de ideas y de teorías. En Occidente, nació hace más de veinticinco siglos y desde entonces ha estado desarrollándose y cambiando continuamente. Aunque esta rica tradición no pueda exprimirse en una simple definición, sin embargo, podemos caracterizarla de un modo aproximado mirando su historia. La filosofía es lo que los, así-denominados, "filósofos" han estado haciendo a través de la historia. Si nos limitamos, en aras de la simplicidad, a la filosofía occidental, entonces, algunas características de la filosofía se vuelven claras.

En primer lugar, todos los filósofos investigaron temas fundamentales de la vida y del mundo. Sus discusiones no estaban centradas en hechos personales sobre Juan o sobre María, o en temas locales acerca de esta ciudad o de ese pueblo, sino en temas generales que se refieren al fundamento de nuestra comprensión de la vida y de la realidad: ¿Qué significa conocer? ¿Cuál es la relación entre la mente y el cuerpo? ¿Qué es el verdadero amor? ¿Qué es la vida buena? ¿Qué hace que un acto moral sea moral? Etcétera. Esta es la primera característica de la filosofía.

Sin embargo, los filósofos no son los únicos que abordan dichos temas. Los poetas y los novelistas también lo hacen. Hay muchos trabajos de literatura que tratan sobre el significado de la vida, sobre la naturaleza del amor o de la amistad, o sobre temas morales. Por lo tanto, debemos agregar cualificaciones adicionales para diferenciar la filosofía de la literatura y de la poesía. Una distinción importante es que, a diferencia de los poetas y de los novelistas, los filósofos responden a los problemas de la vida de un modo sistemático, intentando componer un informe universal, claramente definido y organizado del tema en cuestión. Alguien podría decir que la filosofía implica construir teorías, pero esta caracterización es un tanto restringida. Varios importantes filósofos, tales como Sócrates, Kierkegaard y Wittgenstein, desarrollaron redes de ideas que, quizás, están demasiado disgregadas para contar como teorías. Ciertamente, todas las teorías consisten en redes de ideas, pero algunas redes de ideas están demasiado disgregadas para contar como teorías. Mejor deberíamos decir, por lo tanto, que la segunda característica de la filosofía es que busca abordar temas fundamentales a través de la construcción de una red coherente de ideas sobre ellos.

Pero estas dos características aún no son suficientes. La filosofía no es el único campo que ofrece redes sistemáticas de ideas sobre temas fundamentales. La religión y la teología también lo hacen. La religión y la teología, sin embargo, basan sus ideas en la fe y en la autoridad –en la fe en los libros sagrados, por ejemplo, o en la autoridad de una iglesia–. Por el contrario, la filosofía investiga libremente, sin un compromiso con ninguna creencia presupuesta. Sin duda, los filósofos son seres humanos y, como tales, no están libres de prejuicios y de presupuestos no justificados, pero, al menos, tratan de liberarse de ellos tanto como humanamente sea posible. En este respecto, la filosofía es parecida a la ciencia, la cual, de forma similar, intenta llevar a cabo investigaciones no restringidas que estén libres de presuposiciones no justificadas. La ciencia, sin embargo, basa sus investigaciones en observaciones empíricas, mientras que el laboratorio del filósofo es la mente.

Esta es, entonces, la tercera característica de la filosofía: investiga libremente, utilizando sobre todo el poder de la mente. La noción de "poder" es un poco vaga aquí, y es así intencionadamente, ya que los filósofos se diferencian en su metodología. Algunos filósofos, como Spinoza, utilizan el pensamiento lógico, otros, como Bergson, usan la intuición; algunos, como Reid y Moore, utilizan el sentido común; otros, como Husserl utilizan la introspección; y otros filósofos usan el razonamiento en otros sentidos diferentes. Sin embargo, todos ellos intentan abordar temas fundamentales utilizando la mente, sin depender de la fe, por una parte, ni de las observaciones empíricas, por otra.

Dos características complementarias adicionales deberían añadirse aquí. La cuarta característica es que para hacer filosofía (o filosofar), no es suficiente con copiar tus ideas de otro filósofo. Filosofar es una actividad creativa. Es esencialmente una investigación y, como tal, de forma natural, genera nuevas ideas. En quinto lugar, todos los grandes filósofos desarrollaron su investigación en diálogo con otros filósofos, normalmente leyendo escritos anteriores y respondiendo a ellos, corrigiéndolos u oponiéndose a ellos. La filosofía es una tradición de un discurso intelectual, y todo pensador que perteneció a esta tradición participó de este discurso. No puedes ser parte de esta tradición si no sabes nada sobre ella y no te relacionas con algunos de sus miembros.

Puede que sea posible añadir características adicionales, pero para nuestro propósito, las cinco anteriores se aproximan lo suficiente a lo que los filósofos han estado haciendo durante más de los pasados 2500 años de filosofía Occidental. Para concluir, entonces, la filosofía es un discurso que aborda temas fundamentales de la vida y de la realidad a través de la composición de redes coherentes de ideas (o teorías), utilizando las capacidades de la mente de un modo creativo y dialógico. Esto debería aplicarse también a cualquier contemplación que aspire a ser filosófica. Una contemplación puede denominarse filosófica solo si sigue esta quíntuple caracterización.

Se podría objetar que estoy tratando la noción de "filosofía" de un modo demasiado estricto. La filosofía no tiene unos límites o una definición claros y no hay nada de malo en expandirla más allá de su ámbito tradicional. Mi respuesta a esta objeción es que, verdaderamente, no hay nada de malo en las prácticas que se desvían de la filosofía tradicional, pero, en dicho caso, ya no serían filosóficas. Sin duda, puede haber maravillosas prácticas que no compartan las cinco características, como la psicoterapia y el yoga, las cuales son beneficiosas para muchos –la filosofía no es la única cosa buena en el mundo-, pero estas prácticas no pertenecen a la tradición occidental llamada filosofía. La filosofía no es simplemente un nombre arbitrario –se refiere a una tradición específica que contiene un determinado cuerpo de escritos y determinados métodos y prácticas–. Si quieres pertenecer a esta tradición y disfrutar sus tesoros, entonces debes practicar el tipo de cosas en las que consiste.

La contemplación filosófica es filosófica porque es fiel a la naturaleza de la filosofía tradicional, aunque, desde luego, lo hace de su propio y singular modo. Trata con los temas fundamentales de la vida a través del diálogo con otros filósofos, generalmente contemplando sus textos filosóficos. Es creativa y está basada en los poderes de la mente, porque, en el proceso, los participantes desarrollan nuevas ideas creativas a medida que surgen de su profundidad interior, y en tanto que, después, se organizan y se articulan en discusión. De este modo componen redes de ideas que se relacionan con los temas de la vida básicos.

Capítulo 3

PROFUNDIDAD, PROFUNDIDAD INTERIOR Y LA EXPERIENCIA DE *LU*

Anteriormente dije que en la contemplación filosófica pensamos desde nuestra profundidad interior. ¿Qué significa, entonces, profundidad interior?

La profundidad como una fuente invisible

La expresión "pensamientos profundos" ya se puede encontrar en la Biblia. El Salmo 92, Versículo 6, dice: "¡Qué magníficas son tus obras, oh Yaveh, ¡Cuán profundos son tus pensamientos!"[4] Advierte, que "profundo" se aplica aquí al sustantivo "pensamientos", y que expresiones tales como "un pensamiento profundo" o "pensar profundamente" también se utilizan en la actualidad. En el lenguaje contemporáneo también hablamos de una idea o un *insight* profundo, de un libro profundo y de una conversación profunda. Curiosamente, en general, no decimos "una pintura profunda", o "una danza profunda", o "una cena profunda". Esto sugiere que esa profundidad está conectada a la sabiduría y a la comprensión. Una idea profunda tiene profundidad –contiene más que su valor

---

4. *Sagrada Biblia*, Nácar Colunga, 23ª Edición, Madrid 1967.

nominal, debido a que tiene una dimensión adicional de significados más allá de la superficie aparente–. Es la punta del iceberg de un vasto dominio de sabiduría.

También las emociones pueden ser hondas. A veces, hablamos del amor profundo, de una herida o un dolor profundo, de un profundo odio o de una profunda ira. Si sientes de manera profunda, entonces sientes "desde el fondo de tu corazón" –desde una fuente o dimensión dentro de ti que incluye mucho más que un sentimiento específico, desde un origen que incluye mucho más que a ti mismo–. Una honda emoción engloba un rico océano de vida interior, y dicha emoción lo expresa y le da voz. Por tanto, para que una emoción o un pensamiento sea hondo, tiene que tener "profundidad" –para que sea la expresión de cierta vastedad oculta–.

"Hondo" (o "profundo") es, por supuesto, una metáfora. Cuando hablamos de un pensamiento profundo, no queremos decir que está localizado "debajo" de una superficie, en un sentido geométrico. Sin embargo, esta metáfora no es arbitraria. Está basada en una analogía con la profundidad que reside bajo la superficie de la tierra o del agua. Las cosas que ocurren en la profundidad de un estanque, por ejemplo, están, en buena medida, ocultas y únicamente son visibles vaga o indirectamente. Podemos advertir que algo está sucediendo en el fondo de un estanque –una sombra en movimiento, una luz que parpadea-, sin ser capaces de decir qué estamos viendo exactamente.

De forma similar, en lo profundo, bajo la superficie de la tierra, existen raíces y bulbos invisibles, gusanos y hormigas, ratones y quién sabe qué más –un completo mundo subterráneo, de hecho–. Las raíces que están escondidas en este subterráneo son los orígenes de los árboles y de las plantas, el origen oculto de las cosas visibles. En verdad, a veces, hablamos de forma metafórica sobre "la raíz del asunto" o de "la raíz del problema". Las raíces son algo que no vemos de forma directa pero que dan nacimiento a los bosques y los prados que vemos. El mundo subterráneo es una vasta y compleja realidad oculta que difiere de las cosas visibles que están entre nosotros y que, sin embargo, las da nacimiento, siendo éstas expresiones de sus ocultos poderes.

De forma curiosa, muy pocos filósofos han intentado analizar la noción de profundidad, aunque las palabras "profundo" y "profundidad" aparecen con bastante frecuencia en los textos filosóficos. El filósofo francés Gabriel Marcel es uno de los pocos que habló de esta noción.[5] Marcel sugirió que hablar de "profundidad" es una manera metafórica de hablar de la fuente original – del "país de origen" de uno, por así decirlo, el cual es

---

5. Gabriel Marcel, *The Mystery of Being*, Henry Regnery Company, Chicago 1960, Volume I, Chapter 9.

lejano y, sin embargo, está aquí en la propia sangre–. Este análisis está en la línea de la interpretación de la hondura ofrecida aquí.

La hondura interior

Una persona también puede tener hondura. Hablamos sobre una persona profunda o una persona superficial. También hablamos de nuestra "hondura interior" –la hondura que reside "dentro" de nosotros–. La hondura de una persona es esa dimensión oculta que le hace ser una persona profunda. Es un reino oculto de sabiduría o de significados ricos y complejos que no pueden ser capturados, definidos o agotados fácilmente y que, sin embargo, se manifiesta a través del comportamiento visible y de las palabras de la persona.

La existencia de la hondura interior no es simplemente una teoría especulativa. Podemos experimentarla dentro de nosotros mismos o, no tan directamente, como una cualidad de otra persona. Por tanto, a veces, sentimos ideas y emociones significativas que aparecen "muy dentro de nosotros" y que "se elevan" a nuestra conciencia. Esto sugiere que sentimos que hay un reino oculto dentro de nosotros, y que lo sentimos como una fuente de significados y de pensamientos especiales que tienen el poder de inspirarnos y de movernos, de llenarnos de percepciones y de asombro y de hacer de nosotros más que nuestro yo psicológico rutinario.

Nuestra hondura interior está enormemente oculta, incluso a nuestra propia mirada. Aunque como seres humanos conscientes tenemos conciencia de muchos de nuestros pensamientos y emociones, no experimentamos nuestra hondura de forma directa. Puede que nos sintamos inspirados por una fuente invisible; puede que sintamos el resultado como una poderosa comprensión que invade nuestra conciencia; incluso podemos saber qué desencadenó este brote (quizás una frase que acabamos de leer), pero el origen interno mismo permanece en gran medida escondido de nosotros. Sin embargo, normalmente lo experimentamos como algo precioso e inspirador. En momentos de creatividad, puede que incluso sintamos que "algo" nos está ofreciendo palabras para escribir, imágenes, ideas o compases musicales. Este es exactamente el origen semántico de la palabra "inspirador" –algo respira su vida dentro de mí–.

Este reino oculto que llamamos "hondura interior" no puede ser identificado con nuestro yo común, que consiste en nuestros patrones familiares de pensamiento y de emociones; en nuestras opiniones y deseos comunes; en nuestras tendencias y sensibilidades o insensibilidades cotidianas. Esta es la razón por la que, cuando nuestra hondura interior se despierta, sentimos como si algo diferente de nosotros está actuando dentro de nosotros y a través de nosotros. Durante un tiempo limitado – durante unos segundos o minutos, o incluso horas–, los orígenes normales de nuestros sentimientos y pensamientos ya no están más a cargo. Nuevos recursos de nuestro ser toman el control.

La experiencia de Lu

La contemplación filosófica tiene el propósito de ayudar a despertar nuestra hondura interior. El que contempla pone a un lado los pensamientos e imágenes automáticas que normalmente pululan por la mente y, de modo silencioso, presta atención a su interior, normalmente mientras reflexiona sobre un texto filosófico breve. El resultado es que, a menudo, *insights* nuevos fundamentales se elevan a la conciencia, como burbujas de aire que suben desde la profundidad de un lago hacia la superficie del agua. Con frecuencia, se experimentan como especialmente significativos e iluminadores, incluso si su contenido no es muy novedoso. Puede que estén acompañados de una poderosa sensación de silencio interior, de maravilla y de asombro, e incluso de sacralidad, de intensa presencia y realidad, o de lo que, en general, se puede denominar una sensación de *preciosidad*.

Anteriormente, dije que los *insights* contemplativos provienen de una fuente que está en lo profundo de nosotros, pero esto puede discutirse. Alguien podría señalar que en la contemplación, a menudo, experimentamos como si nuestros *insights* provinieran de una fuente que está fuera de nosotros, de un origen de inteligencia mayor. Varios participantes de los grupos de contemplación me dijeron que habían sentido como si algo más grande que ellos les hubiera tocado, como si algo les hubiera removido su profundidad interior, y, a veces, les inspirara palabras e ideas sorprendentes.

Denomino a esto *la experiencia de Lu*. Utilizo la palabra "Lu" para referirme a la fuente que, presumiblemente, está más allá de mí mismo y que, a veces, actúa en mi profundidad interior. La palabra "Lu" está, intencionalmente, vacía de significado. La elijo para indicar que se refiere a una fuente que está más allá de todas las palabras, más allá de la mente verbal, en la raíz de los pensamientos de uno.

La experiencia de Lu podría dar a entender que la fuente de nuestros *insights* contemplativos es exterior a nosotros, encontrándose no solo fuera de nuestro yo psicológico común, sino también de nuestra profundidad interior. Es como si nuestra profundidad interior recibiera sus *insights* de una fuente exterior de inteligencia; como si fuera el "órgano sensor" a través del que "percibimos" ideas de la realidad más grande a la que denominé Lu.

Esto podría ser lo que nuestra experiencia de Lu nos dice, pero la pregunta es cuán seriamente deberíamos tomarnos esto. La experiencia es una impresión subjetiva, pero ¿refleja los hechos o es una mera ficción?

Me gustaría dejar abierta esta pregunta y que el lector decida cómo interpretar la experiencia "más allá de mí mismo", denominada experiencia de Lu. Hablando de forma práctica, en lo referente al propósito de la práctica de la contemplación filosófica, esta interpretación no importa demasiado. Sea que nuestros *insights* contemplativos provengan de nuestra profundidad interior o de fuera de nosotros, de todos modos provienen de orígenes que están más allá de nuestra psicología normal, más allá de nuestro yo común y vale la pena perseguirlos.

Una interpretación sugerida de la experiencia de Lu

Sin embargo, me gustaría sugerir mi propia y personal manera de interpretar la experiencia de Lu. En general, prefiero evitar interpretaciones que son demasiado extremas para resultar razonables.

Por un lado, no me parece razonable relegar la experiencia de Lu a una mera fantasía subjetiva. Debemos admitir, creo, que las comprensiones contemplativas, con frecuencia, están compuestas de ricas y perspicaces ideas que pueden ser significativamente compartidas y discutidas con otros. No pueden ser descartadas, de una forma razonable, como una mera ficción privada. La especial cualidad de intensidad de la experiencia sugiere una fuente de comprensión o de inteligencia que es distinta de nuestro yo común.

Pero el otro extremo es igualmente poco razonable. No parece haber bases para especular que la experiencia de Lu provenga de fuentes exóticas tales como ángeles o espíritus, o de una mente universal que susurre sus ideas en nuestros corazones. Tales interpretaciones me parecen demasiado imaginarias e innecesarias.

A fin de evitar ambos extremos, me parece suficiente decir que los *insights* contemplativos provienen de fuentes de significado o de sabiduría que son más amplias que mis estructuras psicológicas ordinarias. O, para decirlo de forma metafórica, que estas comprensiones tienen su origen en horizontes que son más amplios que yo mismo. Esto asume un reino de sabiduría y de significado que se extiende más allá de las fronteras de mi yo normal y que resuena en mi profundidad interior e inspira conocimientos preciosos. Dicho de otro modo, soy como una ola en el océano resonando con los movimientos de las grandes aguas.

Advierte, que la idea de una fuente de *insights* que reside más allá de mí mismo no es tan extraña como pareciera ser. Ciertamente, las ideas no son mera psicología, y no pueden reducirse a psicología. Las matemáticas, la geometría y la lógica son ejemplos simples de ideas que no son meros productos de procesos psicológicos subjetivos –eran válidas incluso antes de algún ser inteligente estuviera a punto de pensar en ellas–. Aunque los *insights* contemplativos no son lo mismo que las fórmulas matemáticas, son, de forma similar, más que impresiones psicológicas.

Muchos grandes filósofos creyeron que nuestra mente puede captar realidades que residen más allá de nuestra psicología, bien sea a través de la razón, de la intuición, o de otras formas de comprensión. Los Estoicos, por ejemplo, creían que la razón puede revelar el *Logos* que regía el cosmos. Kant afirmaba que la razón puede revelar las categorías básicas del mundo fenoménico, el mundo que encontramos alrededor nuestro. Y podemos añadir muchos ejemplos más.

Por tanto, no hay nada especialmente extraño en la idea de que los *insights* contemplativos estén anclados en una realidad que se extiende más allá de nuestros sentimientos y opiniones personales, más allá del dominio de la psicología.

Sea cual sea la manera en la que elijas interpretar la experiencia de Lu, deberíamos advertir que se siente como algo precioso. Las comprensiones que produce en nosotros se experimentan como algo que tiene una realidad especial, un profundo significado y una importancia especial. Muchos textos religiosos describen la experiencia en términos religiosos: "Dios habló dentro de mí", "el Espíritu Santo me inspiró", "los santos me enseñaron". Esto es un testimonio de la especial cualidad de la experiencia.

Este valor inapreciable de la experiencia de Lu es una de las razones importantes por las que, como contempladores, aspiramos a estar en sintonía con nuestra profundidad interior y lo anhelamos. Este es el anhelo al que Platón denomina "Eros", el cual nos impulsa a dejar nuestra estrecha caverna y a salir hacia la realidad más elevada que Platón llama la Verdad, la Bondad y la Belleza. Este es el anhelo espiritual que movió a los Neoplatónicos, como Plotino, a trascender el mundo material y a unirse con el Uno. Este es, también, el anhelo que movió a muchas personas religiosas de todas las tradiciones religiosas a llegar a su Dios. Nosotros, como filósofos libres de espíritu, no nos comprometemos con ninguna de estas doctrinas – con el Platonismo, Neoplatonismo, Cristianismo, o ninguna otra religión–. Reconocemos y apreciamos el anhelo hacia horizontes de ser más amplios, el anhelo de la pequeña ola del océano, sin especular sobre lo que este océano pueda ser. No queremos empequeñecer nuestra experiencia de Lu convirtiéndola en un simple dogma o en una conjetura.

Capítulo 4

PRINCIPIOS PRÁCTICOS

En la contemplación filosófica, contemplamos textos que tratan de temas fundamentales de la vida y de la realidad; en otras palabras, de temas filosóficos. Estos textos nos orientan hacia los más extensos horizontes de significado y de comprensión.

Los textos filosóficos puede que no sean los únicos que erigen temas fundamentales. Algunas veces, somos llevados a reflexionar sobre tales temas bajo la influencia de un poema, de un texto religioso, o incluso de una canción popular. Sin embargo, los textos filosóficos nos conducen a una reflexión más completa, debido a que contienen una rica, centrada, sistemática y coherente red de ideas.

Las ideas filosóficas como semillas generativas

En una sesión contemplativa, normalmente, utilizamos varios párrafos de un texto filosófico. No todo texto es apropiado para la contemplación. Un texto deseable es conciso, accesible, incluye una idea completa y está escrito con frases precisas y ricas, posiblemente poéticas. Tales textos se pueden encontrar en muchos libros de filosofía, incluso cuando el texto en su conjunto es seco y prolijo. Existen gemas maravillosas escondidas en muchos lugares inesperados. En mis propias contemplaciones, he utilizado textos de Platón, Marco Aurelio, Plotino, Kierkegaard, Nietzsche, Emerson, Bergson, Jaspers, Marcel, Buber y de otros muchos pensadores.

Sin embargo, lo que se requiere para la contemplación filosófica no es tanto un texto especial, sino una especial actitud interior. Se trata de una actitud de escucha cuidadosa hacia el texto – a sus conceptos, a sus palabras y a su melodía, a la progresión de las frases, a las imágenes y al ritmo-, sin opiniones, sin juicios, sin acuerdo o desacuerdo. Saboreamos el texto como saboreamos un vino o una comida, o como escuchamos poesía o una pieza de música. No lo consideramos como una teoría que es correcta o incorrecta, ya que lo consideramos como una voz dentro del rico coro de ideas humanas. No lo consideramos como una afirmación que aspira a describir el modo en que son las cosas, ya que buscamos hondura, no descripciones precisas.

Tal actitud es muy distinta de nuestra relación habitual con las ideas. En la vida cotidiana, expresamos una idea cuando queremos dar una opinión que creemos que es correcta. Nos encanta tener y emitir opiniones sobre la situación política, sobre el medioambiente, sobre la vida y sobre la muerte, sobre los derechos humanos y la justicia, y los declaramos como verdaderos y los defendemos en contra de nuestros oponentes.

De forma similar, en la corriente principal de la filosofía, las ideas filosóficas se consideran como afirmaciones o teorías sobre cómo es la realidad: como teorías sobre la naturaleza del amor verdadero, o sobre el significado de las palabras, sobre la vida buena, o sobre los fundamentos del conocimiento. Un filósofo puede creer en el utilitarismo, mientras que otro cree en las éticas del deber, y un tercero, en las éticas de la virtud; un filósofo puede apoyar una teoría fundacionalista del conocimiento, mientras que otro apoya una teoría coherentista. En este respecto, las ideas filosóficas se consideran similares a las teorías científicas, en el sentido de que afirman que nuestro mundo es de esta manera y no de aquella manera. Una teoría funciona como un cuadro: está destinado a representar o a espejar hechos objetivos.

No hay nada de malo en esta manera de entender las teorías científicas o filosóficas, pero no es apropiada para la contemplación filosófica. Una vez que consideramos una idea filosófica como una afirmación o una teoría, ya no hay muchas maneras de relacionarnos con ella: o estás de acuerdo o en desacuerdo con ella, o piensas que es una descripción precisa de la manera en que son las cosas, o piensas que no lo es. Una teoría es un producto acabado de una investigación, un conjunto terminado de declaraciones que excluye cualquier declaración diferente.

Por el contrario, en la contemplación queremos ideas que sean dinámicas, no conclusiones finales. Queremos que sean el comienzo de un movimiento del pensamiento, y no su producto final; que sean semillas de más pensamiento y no su producto acabado. Tenemos conciencia de que las ideas tienen poder para inspirarnos, para dar nacimiento a nuevos *insights*, para resonar dentro de nosotros y desarrollarse y crecer. Esta es la razón por la cual, en la contemplación, no estamos de acuerdo o en desacuerdo con ideas filosóficas, y no las declaramos verdaderas o falsas. Examinamos cuidadosamente lo que podrían significar para nosotros y dónde podrían llevarnos; nos abrimos a ellas y escuchamos lo que hacen dentro de nosotros y cómo se modifican y se desarrollan en nuestra mente.

Pensamiento improvisado

A fin de que las ideas se mantengan dinámicas y siempre en desarrollo, podemos referirnos a ellas como "pensamiento improvisado". En este tipo de pensamiento comenzamos con el texto, pero no permanecemos, necesariamente, en el texto. Somos libres de componer variaciones sobre el texto, a la manera en que un músico improvisa sobre un motivo musical original. El texto original es el punto de partida y el punto de referencia de líneas de pensamiento alternativas, no una autoridad final.

Imagina, por ejemplo, que contemplamos el famoso discurso de Sócrates sobre el tema del amor del diálogo *El Banquete*. En este discurso, Sócrates describe cómo evoluciona el amor desde un tipo de amor "inferior" por un cuerpo físico, hacia un amor más elevado hacia las almas bellas, y hacia un, incluso más elevado, amor hacia la Belleza misma. Si consideramos este discurso como la afirmación de una teoría, nos quedamos pegados a una doctrina específica sobre el amor. Podemos estar de acuerdo o en desacuerdo con ella, podemos aplicarla a situaciones específicas, pero eso es todo.

De forma alternativa, podemos considerar el discurso de Sócrates como una primera frase musical de un concierto de improvisación, de modo que nuestro papel como compañeros de música sea resonar con ella. Después de que Sócrates haya tocado, es ahora nuestro turno de añadir nuestras frases musicales, componiendo ideas que sean variaciones de su idea original, ideas que no sean exactamente su teoría, pero que sean análogas a ella en ciertos aspectos. Por ejemplo, podemos empezar con la idea de Sócrates de la progresión gradual desde el amor material hacia el amor espiritual, pero aplicarla a otro concepto, como el de felicidad (desde el placer físico a la alegría espiritual) o el de autoconciencia (desde la conciencia del cuerpo hasta la conciencia del espíritu). O, podemos comenzar con la dicotomía socrática de lo concreto *versus* lo universal –pero respecto a un concepto diferente como el de sabiduría (sabiduría sobre temas concretos *versus* temas universales). O podemos añadir al cuadro de Sócrates un elemento adicional que no esté en su discurso original, como el del amor propio. Por tanto, la idea original de Sócrates de las etapas del amor puede inspirar una idea análoga o complementaria, parecida en algunos aspectos, pero diferente en otros.

El resultado de las ideas contemplativas ya no serían las de Sócrates, sino que estarían inspiradas por él. Por tanto, en el pensamiento improvisado nuestras ideas contemplativas se nutren de un texto original, pero crecen a partir de él de forma creativa, preservando algo de la complejidad, de la riqueza y de la profundidad del original.

La polifonía de las ideas filosóficas

Las teorías, como dije, son como "cuadros" o "mapas" de la realidad, en el sentido de que intentan espejar el modo en que son las cosas. La metáfora central aquí es visual: una teoría se corresponde con la realidad tal como un cuadro o un mapa espeja un paisaje dado. Pero esta metáfora visual no se ajusta a la contemplación filosófica. Para realizar una contemplación sobre un texto filosófico, necesitamos tratar las ideas como si fueran más flexibles o dinámicas, y por esta razón, es mejor abandonar esta metáfora visual, incluso si el escritor del texto mismo la tuviera en la mente. En su lugar, podemos adoptar una metáfora auditiva o musical y pensar en las ideas filosóficas, no como descripciones ("cuadros") que se corresponden con la realidad, sino más bien como voces o sonidos que provienen de la realidad.

La metáfora auditiva tiene una lógica interna muy distinta de la de la metáfora visual. Un cuadro se parece al original, pero el sonido del canto de un pájaro no se parece al pájaro. El sonido de un río no es un mapa del río y la voz de un cantante no espeja al cantante. Aunque hay una íntima conexión entre el sonido y su fuente, no hay un parecido entre ellos. Lo mismo se aplica a la contemplación: no consideramos las ideas filosóficas como "mapas" o "dibujos" de la realidad, o como si "se correspondieran" con la realidad. Por ejemplo, una idea filosófica sobre el amor puede provenir *de* la experiencia del amor, pero no necesita espejarla. Puede referirse al amor de muchas formas complejas.

Además, la metáfora auditiva de los sonidos o de las voces nos dice que ninguna idea filosófica singular es la correcta. Mientras que un cuadro o un mapa –como una teoría- pueden ser exactos, esto no ocurre con un sonido. El mismo objeto puede emitir una variedad de sonidos diferentes, y éstos no se contradicen, sino que, más bien, se complementan el uno al otro. Piense, por ejemplo, en los diferentes sonidos que pueden provenir de un árbol – cuando un viento suave murmura a través de sus hojas; cuando una tormenta azota sus hojas unas contra otras;

cuando las gotas de lluvia golpean sobre ellas; cuando su tronco cruje mientras se balancea en el viento–. La metáfora auditiva sugiere que las ideas pueden componer una polifonía de significados diferentes pero compatibles, en lugar de mapas competitivos que se contradicen unos a otros.

Por otra parte, la metáfora auditiva también sugiere cambios y desarrollos dinámicos, en oposición a un mapa o un cuadro, que es un producto estable y acabado. Como los sonidos cambiantes de un árbol en el cambiante clima, las ideas, o las redes de ideas, pueden cambiar de significado y evolucionar a medida que pasa el tiempo, a medida que nosotros mismos cambiamos, y a medida que nuestros modos de encuentro con la realidad se modifican.

Por tanto, cuando tratamos con ideas filosóficas, no como cuadros que espejan la realidad, sino como voces de la realidad, podemos relacionarnos con las muchas maneras en las que la realidad resuena dentro de nosotros. Esto nos permite ver la vida como una rica polifonía de significados que son dinámicos y no-excluyentes, complejos y multifacéticos. Ya no nos sentimos forzados a elegir entre teorías –entre éticas utilitaristas y éticas del deber, entre el dualismo mente-cuerpo de Descartes y el idealismo de Berkley, entre el empirismo y el racionalismo–. Podemos escucharlos a todos y apreciarlos como voces diferentes de la compleja polifonía de la realidad. Esto nos permite contemplar verdaderamente las ideas filosóficas.

Contemplar asuntos personales

La contemplación personal, con frecuencia, se centra en un texto filosófico, pero no de manera exclusiva. En el proceso de contemplación, podemos ir más allá de las puras ideas filosóficas y relacionarlas con una experiencia personal que tuve ayer, o con un incidente familiar, con una esperanza o angustia personal, etc. Sin embargo, en la medida que nuestra contemplación es filosófica, nunca perdemos de vista los horizontes de vida más amplios. Siempre contemplamos acerca de una experiencia o tema personal dentro del contexto de una perspectiva filosófica más amplia de dimensiones fundamentales de la realidad.

En este sentido, la contemplación filosófica es muy distinta de la psicoterapia. En psicología, el objeto de la consulta es una situación particular personal: la ansiedad del consultante, el trauma del consultante, los patrones de comportamiento perturbadores, etc. En la contemplación filosófica, por el contrario, nuestro principal objeto es un tema fundamental de la vida; en otras palabras, la sinfonía universal de la existencia humana. Si contemplamos sobre un asunto personal, éste siempre está contra el trasfondo de esta sinfonía general.

Por ejemplo, durante el curso de la contemplación, puedo reflexionar sobre una discusión reciente que tuve con un amigo, pero como parte de una contemplación filosófica sobre el concepto de la amistad. O puedo contemplar mi sensación de sinsentido, pero en relación a un texto filosófico sobre el significado de la vida.

Esto no significa que pueda *aplicar* una idea filosófica a mi experiencia personal. En la contemplación filosófica no imponemos ideas filosóficas de la vida y no preguntamos si un asunto personal "se ajusta" a una idea filosófica. Aplicar ideas filosóficas a situaciones concretas se hace en la así denominada filosofía aplicada, que es muy distinta a la contemplación.

En la contemplación filosófica podemos dejar que una idea resuene con nuestras experiencias personales, de modo que vierta nueva luz sobre ellas y aporte significados nuevos. Y, al contrario, las experiencias pueden enriquecer y modificar la idea que estoy considerando. Hablando de forma pintoresca, "colocamos" en el espacio contemplativo una idea y una experiencia personal lado a lado y, después, dejamos que las dos interactúen entre sí y generen nuevas comprensiones y significados. Por esta razón, cuando queremos contemplar una experiencia personal, no es necesario encontrar un texto que se ajuste de forma precisa a ella. Incluso cuando la experiencia seleccionada y la idea elegida parecieran extrañas, probablemente interactuarían de modos ricos y darían nacimiento a *insights* creativos y sorprendentes.

Mantener una actitud contemplativa

La contemplación filosófica está basada en el poder de las ideas filosóficas para movernos, tocar nuestra profundidad interior y despertar en nosotros una dimensión dormida que se abre a nuevos horizontes de comprensión. Pero, desde luego, las ideas filosóficas no siempre tienen este efecto. Cuando hablamos de forma desenfadada, o hacemos chistes tontos, o estamos entretenidos con el *smartphone*, es muy poco probable que nos sintamos tocados o inspirados, incluso si personas a nuestro alrededor están pronunciando ideas maravillosas. Para poder contemplar, deberíamos mantener un estado mental apropiado –una actitud interior de centramiento, de silencio interior y de atención–.

Sin duda, las ideas filosóficas, a veces, pueden inspirarnos, incluso sin preparación. Nos ha pasado a muchos de nosotros que, incluso en el medio de una charla superficial, algunas frases nos golpearon profundamente. Pero esto es raro. Normalmente necesitamos "ayudar" a que la idea filosófica actúe dentro de nosotros asumiendo un estado mental que nos ponga a disposición del poder potencial de la idea.

Podemos denominar a este estado mental "la actitud contemplativa". Como todo lo que es profundo, no puede producirse con una técnica mecánica. Asumir una actitud contemplativa es un arte. Requiere práctica y experiencia, crecimiento y madurez personal y, probablemente, algunos talentos también. Seas un principiante o un contemplador experimentado, la conciencia de tu estado mental es muy importante.

Capítulo 5

PREPARÁNDOSE PARA LA CONTEMPLACIÓN

No podemos contemplar plenamente si nuestra mente está ocupada con los pensamientos cotidianos. Por tanto, resulta de ayuda comenzar una sesión contemplativa con un ejercicio breve de centramiento para desembarazarnos de nuestro ritmo y actitud habituales y abrirnos a un espacio interior que esté separado de la turbación de la vida cotidiana. Este ejercicio también puede servir como ritual de preparación de la mente y del cuerpo para la transición. Un ejercicio de centramiento no tiene que ser largo o complicado. Algunas veces, es suficiente sentarse tranquilamente durante unos momentos y sentir el silencio que envuelve tu mente. A veces, sin embargo, podrías sentir la necesidad de un ejercicio más elaborado o focalizado.

Meditación aérea

En este ejercicio de centramiento, la columna de aire de mi cuerpo sirve como una metáfora de mi yo entero. Comienzo enfocando mi atención en la respiración de mi cabeza y nariz, luego suavemente bajo hacia la boca, garganta, pecho, estómago, muslos, e incluso más abajo. Mientras hago esto, me experimento a mí mismo descendiendo desde mi yo superficial hacia abajo, dentro de mi profundidad interior. El resultado es una sensación de centramiento tranquilo que permanece durante un rato después del ejercicio.

Para empezar esta meditación, siéntate cómodamente en el suelo o en una silla, con tu espalda recta, de forma cómoda, colocando tus manos y piernas en una posición simétrica. Es mejor que cierres los ojos para facilitar la concentración. La respiración debería ser, de algún modo, más lenta que la normal pero sin hacer ningún esfuerzo especial.

Después de unos momentos de silencio, centra tu atención en tu cabeza, que es donde normalmente te sientes situado a ti mismo. En tu mente, siente tu frente, orejas, ojos y sienes. Luego, suavemente, mueve tu atención hacia el comienzo de la columna de aire –a las fosas nasales-, y siente cómo el aire fluye hacia dentro y hacia fuera. Mientras haces esto, no *mires* las fosas nasales (en los ojos de tu mente), sino, más bien, *estate* allí.

Después de tres o cuatro respiraciones lentas, mueve suavemente tu atención hacia la parte frontal de tu boca, y siente el aire entrando y saliendo, rozando contra tu lengua y tus labios. De nuevo, no mires tu boca, sino simplemente, siéntete a ti mismo descansando. Intenta inhalar a través de la nariz y exhalar a través de la boca, y si esto no te resulta demasiado difícil, continúa respirando así durante el resto del ejercicio. Tu respiración, ahora, debería ser más lenta, pero no constreñida.

Después de tres o cuatro respiraciones más, deslízate en tu mente hacia la parte del fondo de tu boca, descansa allí y siente el flujo del aire hacia dentro y hacia fuera, rozando contra el techo de la boca y la raíz de la lengua.

A continuación, mueve suavemente tu atención hacia la parte superior de la garganta. Mientras estás allí sintiendo el flujo del aire, puede que también sientas los músculos de tu garganta y posiblemente la tensión y la tirantez que podrían haberse acumulado allí.

Después de tres o cuatro respiraciones más, húndete hasta la parte del fondo de la garganta, siente el flujo del aire y de los músculos, y siente cómo tu respiración se vuelve incluso más lenta. Desde allí continúa hacia tu pecho, donde sentirás la vastedad de su espacio a medida que los pulmones se contraen y se expanden y, desde allí, continúa hacia el estómago, donde sentirás los movimientos musculares que activan la columna completa de aire que descansa en él. Si recuerdas no mirar (en tu mente) a dichas partes del cuerpo, sino más bien estar en ellas, ahora te experimentarás a ti mismo situado mucho más abajo de tu cabeza y tus ojos, donde normalmente nos experimentamos.

Ahora, continúa suavemente hacia tus glúteos y muslos y siente el contacto de tus pantalones sobre tu piel y la presión de tu cuerpo contra la silla. Aunque ahora estás bajo la columna de aire, aún puedes sentir los músculos reverberando con la respiración sobre ellos.

Por último, haz un último descenso: desde los muslos, sumérgete suavemente hasta un punto por debajo de tu cuerpo, debajo de tu silla, quizás un metro debajo de ti. Metafóricamente, estás ahora por debajo de tu yo normal, y en las raíces de tu ser, en el punto del silencio o de la sabiduría. Si el ejercicio es exitoso, te sentirás a ti mismo en un profundo silencio interior.

Mantén este punto de silencio en tu mente cuando empieces a contemplar.

Meditación de las partes del cuerpo

En este ejercicio de centramiento, diriges tu atención hacia tu cuerpo, centrándote en un órgano cada vez, mientras te deslizas suavemente desde los pies hacia arriba y hacia la parte superior de la cabeza. Para empezar la meditación, siéntate en una silla de forma simétrica, cierra los ojos y centra tu mente en tu pie derecho. Puede que sientas su presión sobre el suelo, el contacto de la piel sobre el zapato, el latido de la sangre, los músculos. Después de unos pocos segundos, mueve suavemente tu atención hacia el tobillo y siéntelo en tu mente. Luego, muévela hacia la rodilla y, después, al muslo. Después, mueve tu atención hacia el pie izquierdo, el tobillo izquierdo y la rodilla y el muslo izquierdo. Desde allí, continúa cambiando tu atención hacia la pelvis, el estómago, el pecho, el hombro, el brazo, codo, muñeca, mano y dedos derechos. Ahora, muévete hacia el hombro izquierdo y baja a lo largo del brazo hasta los dedos de la mano izquierda. Después vuelve al pecho y asciende hacia la garganta, la barbilla, la nariz, los ojos y la parte superior de tu cabeza.

Tu mente, ahora, debería estar centrada y libre de pensamientos e imágenes. Ahora puedes coger el texto y comenzar tu contemplación.

Auto-instrucciones

En este ejercicio de centramiento, te das a ti mismo una secuencia de instrucciones, cada una de las cuales está dirigida a que asumas una actitud mental y corporal específica.

Un buen punto de comienzo es la instrucción "Advierte". Dítelo a ti mismo en tu mente y sigue notando cada cosa que suceda en tu conciencia: el continuo flujo de pensamientos y de imágenes, el telón de fondo de preocupaciones y planes que hay en tu mente, la tensión de tu cuerpo y tu postura corporal. También nota lo que ha estado sucediendo en tu conciencia durante las últimas horas, tus rápidas acciones, las palabras que pronunciaste y que escuchaste, tus esfuerzos y preocupaciones. Advierte esta avalancha que no cesa y haz presente todo ello en tu conciencia.

La segunda instrucción es "Para". Dítelo a ti mismo mentalmente, y siéntete obedeciendo, parando toda tu actividad mental. Ya no estás proyectándote a ti mismo en el futuro –planeando, deseando, esperando, preparando, comenzando–. Estás aquí y ahora, sin correr más para hacer recados, tareas o llegar a tus citas. Siéntete a ti mismo descansando. Si los pensamientos de tu mente continúan sucediéndose, disóciate de ellos: ellos no son tú. No luches contra ellos –déjalos ir adondequiera que quieran ir, mientras permaneces aquí, dentro de ti mismo, presente, inmóvil–.

En tercer lugar, dite a ti mismo "Déjalo ir". Relaja tus manos y brazos, relaja la tensión de tu cuerpo entero y de tu mente, sintiendo como si estuvieras liberando lo que sea que hayas estado reteniendo.

Después, dite a ti mismo "Confía", y como respuesta, siente tu cuerpo entero seguro y protegido. Ya no estás en guardia, ni estás preparado para defenderte. Ahora estás siendo sostenido en los brazos de la realidad, por decirlo de alguna manera, confiando en ella como un niño en los brazos de sus padres.

Ahora dite a ti mismo "Ábreme a mí mismo" y siéntete a ti mismo estando abierto al mundo entero, sin los límites normales entre yo y no-yo.

Después, dite a ti mismo "Expándete", y siéntete a ti mismo fluyendo hacia el mundo. Ya no estás simplemente aquí, porque te has expandido hacia allí, hacia todas partes.

Por último, date la siguiente instrucción: "Vacíate", y siéntete a ti mismo empujándote a ti mismo hacia atrás desde el centro de tu mundo y dejándolo vacío. Has dado un paso atrás, por decirlo de algún modo, desde la posición central normal de tu mundo y has abierto un espacio vacío dentro de ti mismo. Ya no eres el actor principal de tu propio mundo. En el centro de tu yo hay un espacio vacío de escucha, como un claro en el bosque. De forma silenciosa, escucha cualquier cosa que desee aparecer o hablar en este claro.

En este punto deberías sentirte silencioso y atento. Ahora puedes empezar a contemplar.

No es necesario decir, que puedes cambiar esta lista de instrucciones y crear la tuya propia.

Hacer presente

Los ejercicios de centramiento anteriores implican un auto-control y una estructura considerables. Como alternativa, puede que prefieras un ejercicio más relajado. Una posibilidad es, simplemente, estar sentado de modo silencioso durante unos pocos minutos. Sin embargo, la ausencia de un foco podría hacer que tu mente se perdiera en pensamientos e imágenes y comenzara a preocuparse por los planes y las preocupaciones. Una alternativa mejor es, por tanto, sentarte tranquilamente, dejar que tus ojos se deslicen sobre los objetos de tu habitación, y hacerlos presentes en tu mente de modo intenso. Esto se denomina "hacer presente": en lugar de ver una silla o un bolígrafo como una cosa normal de tu medioambiente espacial, te centras en él como si fuera una joya especial. Intensificas su apariencia visual en tu conciencia y lo haces presente.

Haz este ejercicio de una forma suave, sin un esfuerzo excesivo, dejando que tu mirada se deslice espontáneamente de un objeto a otro, parando ocasionalmente en un objeto y haciéndolo presente, para después, continuar con el siguiente objeto. Después de un rato, tu mente ya no estará involucrada activamente en el mundo como de costumbre.

Capítulo 6

PROCEDIMIENTOS DE LA CONTEMPLACIÓN

Después del ejercicio de centramiento, la mente probablemente esté centrada, atenta y tranquila. Ahora estamos listos para la contemplación misma.

En cierto sentido, no hay técnicas para la contemplación. El acto contemplativo proviene de tu anhelo de ir más allá de nuestro yo limitado y de conectar con una realidad más profunda, sea dentro de nosotros o más allá de nosotros. Este anhelo es una forma de amor y, como el amor, no puede producirse a través de instrucciones. Tiene vida y ritmo propios dentro de nosotros. No puedes forzarte a ti mismo a amar a alguien a través de una técnica.

Sin embargo, las técnicas o los procedimientos pueden ayudar a focalizar el espíritu contemplativo y a reforzarlo. Una terapia de pareja no puede crear amor de la nada, pero puede trabajar con emociones y anhelos existentes para alimentarlos y orientarlos.

Lección silenciosa

La lección silenciosa es, quizás, el procedimiento más importante de la contemplación de textos. Si es exitoso, produce *insights* que se experimentan como profundos y preciosos, como surgiendo desde nuestra profundidad oculta hasta nuestra conciencia. Este procedimiento es una adaptación de la *Lectio Divina*, una forma de contemplación de textos que se desarrolló por los monjes católicos durante la Edad Media y que aún se practica hoy en círculos cristianos.[6]

En la lección silenciosa, leemos silenciosamente un texto filosófico breve y escuchamos interiormente las comprensiones que surgen como respuesta dentro de nosotros. El texto nos provee de los materiales filosóficos con los que trabajar. También sirve como un eje central de contemplación que nos ayuda a mantener el foco y la centralidad. Y nos ofrece una red de ideas que resuenan y crecen dentro de nosotros a través del proceso contemplativo, revelando nuevos e inesperados significados que se adaptan a nuestra propia vida. Como resultado de ello, podemos experimentar que el texto nos habla y nos "enseña" nuevos *insights*. De ahí el nombre "lección silenciosa".

Para este procedimiento, es mejor elegir un texto filosófico breve, de una o dos páginas, que sea denso o incluso poético. No necesitas estar de acuerdo con lo que el texto dice –el texto es uno entre muchas "voces" de la realidad humana y un punto de partida para desarrollar tus propios *insights*–.

---

[6]. Para acceder a versiones modernas de *Lectio Divina*, ver Gustav Reininger (ed.), *Centering Prayer*, Continuum, New York 1998.

Hay varias versiones de la lección silenciosa, algunas para un solo lector, y otras para un grupo. En la siguiente versión, la idea básica es discernir en el texto una amplia gama de significados y, después, consolidarlos en una comprensión focalizada, concentrándose en una idea o frase.

a. *Lectura preliminar*: repasa el texto para comprender su significado literal. Intenta mantener un estado mental calmado y tranquilo, de modo que todas tus acciones y pensamientos fluyan suavemente y de forma atenta.

b. *Advertir una multiplicidad de ideas*: vuelve al comienzo del texto y léelo de nuevo de forma silenciosa, pero esta vez muy lenta y cuidadosamente. Escucha cada palabra, así como las ideas e imágenes que evocan en tu mente. No fuerces en el texto ninguna interpretación o análisis –deja que el texto hable dentro de ti. No te preocupes si tu mente permanece en blanco y vacía de ideas –los *insights* tienen su propio ritmo y lo más importante es el acto de escucha mismo–. Cuandoquiera que sientas una idea emergiendo en tu conciencia –una frase, una palabra, una imagen-, simplemente adviértela. "Advertir" una idea significa darte cuenta de ella, como diciéndole "Hola, ¡te he visto!" Después de unos pocos segundos o minutos, cuando hayas terminado de advertirla, continúa leyendo apaciblemente. Después de leer el texto dos o tres veces, probablemente tendrás una colección de ideas que han emergido del texto. Algunas veces, este proceso es más fructífero si anotas tus comprensiones a medida que van apareciendo en tu conciencia.

c. *Contemplar una frase seleccionada*: mientras estabas escuchando el texto, puede que una determinada frase haya acaparado tu atención. Puede que te haya parecido particularmente significativa, intrigante, en movimiento. Céntrate en dicha frase y reflexiona sobre ella en relación al conjunto de significados que has advertido anteriormente. No intentes analizar esta frase o descifrar su significado –déjala flotar dentro de ti y escúchala–. Trátala como un caramelo que saboreas en tu boca sin intentar partirlo con tus dientes. Para hacerlo de esta manera, puedes recitar las palabras varias veces, o aprendértelas de memoria. Otro modo excelente de hacerlo es escribirlas en manera caligráfica, mientras mantienes un silencio interior focalizado.

d. *Consolidar*: Ahora que has generado un conjunto de significados o de ideas, es la hora de cambiar de dirección: consolida todas ellas en una, la multiplicidad en una unidad. Tu objetivo ahora es encontrar una comprensión unificada y coherente que sea central para lo que has advertido –no un resumen (¿cómo puedes resumir ideas que son muy diferentes entre sí?), sino un centro significativo alrededor del cual todo parezca girar–. Suavemente, repasa las palabras y las ideas que advertiste previamente y "anímalas" a que se consoliden en un *insight* unificado. Puede que la idea central emergente sea sobre un tema general, o sobre una situación de tu vida personal. Como antes, no impongas tus interpretaciones –permanece atento y deja que las ideas hagan el resto del trabajo–.

Con frecuencia, ayuda hacerte a ti mismo una pregunta y luego escuchar interiormente una respuesta dentro de ti. Mantén la pregunta en tu mente mientras repasas suavemente el texto varias veces, con una especial atención a la frase que has seleccionado.

No te descorazones si no surge ninguna comprensión nueva. Lo importante de esta contemplación no es finalizar con un producto –una nueva idea o una interpretación novedosa del texto, sino el proceso contemplativo–. La actitud interna de apertura pacífica hacia tu profundidad interior es valiosa en sí misma.

e. *Salida*: De manera lenta, deja que tu atención se disuelva y ten cuidado de no terminar la sesión demasiado abruptamente. Mientras te relajas y te pones de pie y vuelves a tu actividad diaria, intenta mantener durante un rato la actitud contemplativa y mantener dentro de tu mente algunas de las palabras y de los *insights* que te han tocado. Un buen modo de hacerlo es escribir algunas de las ideas que te llevas contigo.

Lectura vaga

Hay varias alternativas al procedimiento de la lectura silenciosa. Una de ellas es la lectura vaga, en la cual leemos un texto breve mientras, de forma intencional, mantenemos nuestra mente descentrada y distraída. De este modo, surgen en nosotros nuevas comprensiones, no a través de nuestro pensamiento analítico normal, sino a través de un canal lateral de nuestra mente. Este procedimiento funciona bien cuando lees un texto nuevo por primera vez.

Después de centrarte a ti mismo, siéntate tranquilamente y comienza a leer lentamente el texto que has seleccionado, saboreando las palabras a medida que fluyen a través de tu mente. Tu mente debería estar atenta pero de un modo receptivo, sin hacer ningún esfuerzo por capturar, analizar o descifrar. Si una frase no te resulta clara, no te pares y la leas de nuevo. Actúa como si el texto no estuviera dirigido a ti –tu tarea es únicamente narrarlo, no comprender–. Es como si estuvieras leyendo el texto para alguien más que está escuchándote.

Con esta actitud interior, lee de forma sostenida y advierte, de manera tranquila, las imágenes e ideas que podrían flotar en la periferia de tu conciencia. Al final de la lectura, cambia a un estado mental centrado. Intenta consolidar las ideas que recuerdas, bien escribiéndolas o bien articulándolas en tu mente. Para lograr una actitud interior apropiada, trata estas comprensiones como preciosos "regalos" que te han sido dados por tu profundidad interior.

Recitación (*Ruminatio*)

Este procedimiento está dirigido a permitir que las ideas surjan en tu conciencia como respuesta a una lectura receptiva de una frase seleccionada una y otra vez.

Después de centrarte a ti mismo, comienza leyendo un texto filosófico más o menos de una página de longitud. Léelo despacio y cuidadosamente, pronunciando las palabras en tu mente o susurrándolas. Mientras lees, nota una frase o un breve pasaje que atraiga tu atención, que te toque o te intrigue –en definitiva, que "quiera" decirte algo.

Después de finalizar tu primera lectura, vuelve a este pasaje especial y léelo de nuevo, lenta y atentamente. Escucha las palabras mismas –su sonido, su ritmo, el modo en el que son pronunciadas en tu boca. Esta clase de lectura es muy distinta de la lectura habitual; normalmente, "miramos a través" de las palabras su significado, sin prestar atención a las palabras mismas.

Permanece leyendo el mismo pasaje una y otra vez, por lo menos seis o siete veces. No te alarmes si te aburres o enfadas –esto es normal–. Escucha interiormente las ideas e imágenes que surgen en tu conciencia. Trátalas como preciosos "regalos" ofrecidos por tu profundidad interior. Al final de la lectura puedes consolidarlas y articularlas en palabras, bien sea mentalmente o por escrito.

Resonar con las ideas

Este procedimiento está diseñado para conectar ideas del texto con una experiencia personal de tu vida. Lo importante no es interpretar tu experiencia personal, ni imponer en ella ideas filosóficas, sino permitir que las ideas filosóficas "conversen" con tu experiencia personal. De este modo, el texto revelará significados ocultos de ella y la enriquecerán.

En la primera etapa, lee el texto seleccionado tranquilamente y de forma atenta. Identifica un breve pasaje que atraiga tu atención y léelo varias veces. Advierte alguno de los conceptos principales que componen esta idea. Por ejemplo, si seleccionaste *"La mirada"*, de Jean-Paul Sartre (una sección del libro *El Ser y la Nada* sobre cómo nos encontramos con otra persona), puedes señalar los conceptos de la mirada (el otro es alguien que me mira), el concepto de *sujeto* y de *objeto*, el concepto de *objetivación* (la mirada de la otra persona me convierte en un objeto), el concepto de *libertad* (un sujeto es libre, a diferencia de un objeto), etc.

En la segunda fase, recuerda un acontecimiento o situación que experimentaste recientemente que parezca tener alguna conexión con el texto. No es necesario que sea completamente parecida –por el contrario, es mejor elegir una que sea diferente de alguna manera–.

En la tercera fase, mantén en tu conciencia tanto tu experiencia personal como el texto y déjalos estar presentes en tu mente al lado la una del otro. Reflexiona sobre ellos en detalle, incluyendo los conceptos que sacaste del texto, así como en los pequeños detalles de la experiencia. Escucha internamente el modo en que las dos interactúan entre sí, cómo se iluminan el uno al otro, en qué se diferencian o en qué acuerdan. No analices, no impongas tus ideas, únicamente advierte de forma silenciosa la conversación entre las dos. Si resulta exitoso, emergerán nuevos *insights*.

Imágenes filosóficas guiadas

La técnica de las imágenes guiadas, se utiliza, a menudo, en diferentes tipos de psicoterapia y de grupos espirituales. Aquí está adaptado a la filosofía contemplativa. La idea básica es que nuestra imaginería espontánea puede dar voz a comprensiones profundas que no son fácilmente accesibles a nuestro pensamiento verbal consciente.

Elige un texto filosófico breve en el que la idea central pueda ser visualizada metafóricamente. Un ejemplo es la alegoría de la caverna de Platón, en la que podemos visualizar los habitantes de la caverna y su salida hacia el sol; o el pasaje de Nietzsche "Las tres metamorfosis", en la que se compara la auto-trasformación con un camello que se transforma en un león, y el león en un niño.[7]

Siéntate en una silla o en el suelo, derecho pero cómodamente, en una posición simétrica. Lee el texto lentamente y comprende su significado superficial. Después de que hayas entendido el texto, léelo unas pocas veces más, mientras estás atento a las imágenes visuales sugeridas por el texto. Esta lectura repetitiva puede servir como ejercicio de centramiento.

Ahora que el texto está claro y que tu mente está tranquila y centrada, cierra tus ojos. En tu imaginación, visualízate a ti mismo dentro de un paisaje imaginario sugerido por el texto. Por ejemplo, en el caso de la alegoría de la caverna de Platón, podrías imaginarte a ti mismo sentado en una silla dentro de la caverna mirando las sombras de las paredes. Puedes imaginar la textura y el color de las paredes, de la silla, de los movimientos de las sombras y de tus compañeros prisioneros que están sentados a tu lado.

Una vez que hayas imaginado dónde estás, deja libre tu imaginación y permítela que explore por sí misma lo que suceda. En el caso de la caverna de Platón, por ejemplo, puedes imaginarte a ti mismo de pie, girando y caminando hacia la salida –y en este punto, deja que tu imaginación decida lo que sucederá fuera de la caverna–.

---

7. Platón, *La República*, Libro 7; Friedrich Nietzsche, *Así habló Zaratustra*. Altaya, Barcelona, 1997, pp. 49-51.

No dictamines a tu imaginación lo que debería imaginar –déjala moverse de forma espontánea, llevándote donde ella quiera–. Tu tendencia natural a intentar controlar tu mente, debería ponerse a un lado, de modo que tu papel únicamente consistiría en ser un testigo silencioso del viaje imaginario y recordarlo. Después de diez o quince minutos, cuando sientas que estás listo para finalizar el viaje, encuentra un sitio apropiado para parar (en una colina fuera de la caverna, por ejemplo) y, suavemente, vuelve a ti mismo. Abre tus ojos suavemente cuando sientas que es el momento adecuado.

Ahora, con tus ojos abiertos, reflexiona en tu viaje imaginario. ¿Qué te ha revelado? ¿Qué forma dio a las ideas del texto y a tus propias ideas? ¿Simbolizaron las cosas que viste y que sentiste ideas lúcidas? ¿Hubo algo sorprendente, novedoso, iluminador en dichas ideas? Puede que desees escribir las respuestas a estas preguntas de una manera libre y espontáneo.

Contemplación caligráfica

Este es un procedimiento abierto y no estructurado. Lee el texto lenta y silenciosamente, y nota una frase (o un pasaje corto) que atraiga tu atención, como si "quisiera decirte algo". Escribe esta frase en una hoja de papel especial con letras bonitas y precisas, utilizando una pluma estilográfica. Centra tu mente en la escritura de estas letras y trátalas como algo precioso. La escritura centrada puede inducirte a una sensación de silencio interior, plena atención y de valor inapreciable. Esto puede producir nuevos *insights* sobre las ideas del texto.

Para realizar este ejercicio, no necesitas ser un calígrafo profesional. Un principiante puede hacerlo igual de bien. El objetivo no es producir una escritura profesional, sino entrar en un estado interno de atención contemplativa.

Capítulo 7

EXPERIENCIAS CONTEMPLATIVAS TÍPICAS

Cualquiera de los procedimientos anteriores puede crear *insights* profundos. Estos *insights* son "profundos" en el sentido de que nos abren a aspectos ocultos de nuestra realidad pero, también, en el sentido de que despiertan en nuestro interior una dimensión interna, o profundidad, desde la que podemos apreciar estos aspectos. Ambos impactos, normalmente, implican experiencias significativas.

Los que contemplan comunican un amplio espectro de experiencias contemplativas, y es imposible describirlas o clasificarlas con precisión. Sin embargo, permíteme enumerar en este capítulo algunas de las experiencias más comunes. Si has tenido experiencias similares, las encontrarás más fáciles de entender.

La mayoría de estas experiencias profundas son agradables. Es tentador enamorarse de ellas e intentar repetirlas una y otra vez. Pero es importante recordar que nuestro propósito en la contemplación es conectar con la profundidad de nuestra realidad, no simplemente disfrutar de sentimientos buenos. Las experiencias dulces pueden hacer cosas –pueden darnos energía y motivación-, pero no son la meta principal de la contemplación.

La quietud interior

Quizás, la experiencia más común en la contemplación sea una fuerte sensación de silencio interior o de quietud que reemplaza la actividad ruidosa normal de nuestra mente. De hecho, estamos tan acostumbrados a este ruido interior continuo que únicamente nos damos cuenta de su existencia tras experimentar su ausencia. Esto no significa que paremos de pensar y de actuar. Podemos experimentar el silencio interior incluso en el medio de una conversación. El silencio interior no es una ausencia, sino una intensa presencia. La sentimos llenar nuestra mente como una sustancia trasparente. Con frecuencia, se siente como un espacio que nos envuelve, de modo que todo lo que hacemos está suspendido en este espacio silencioso: nuestros pensamientos, el ritmo de nuestras acciones, o nuestra postura corporal.

La experiencia del silencio interior refuerza el impacto de nuestros pensamientos y de nuestros *insights*. Ya no se sienten como una charla privada insignificante, sino como parte de un reino más grande en el que participamos.

Preciosidad y sacralidad

Otra experiencia común es la de preciosidad. Experimentamos los *insights* que surgen en nuestra mente como algo que tiene un gran valor, como preciosos, incluso como sagrados –no porque sean útiles para algo más, no porque los disfrutemos, sino porque poseen la cualidad de la preciosidad–. La experiencia es similar a lo que sentimos cuando entramos en un espacio sagrado de un templo, o a cuando estamos en lo alto de una montaña y miramos con admiración la inmensidad del paisaje. No es simplemente una experiencia de "lo estoy disfrutando", sino de estar en un espacio especial que se eleva por encima de los asuntos ordinarios.

La experiencia burbuja

Una experiencia contemplativa importante es lo que puede denominarse una "burbuja" o *insight*. Esto sucede cuando aparece un *insight* en nuestra conciencia inesperadamente, sintiendo como si proviniera de algún otro lugar, como si se elevara desde alguna profundidad oculta, como si una burbuja de aire se elevara desde el fondo oscuro de un lago hacia la superficie visible del agua.

El *insight* mismo puede ser algo vago al principio, y puede que conlleve algún esfuerzo verbalizarlo en palabras. Cuando tratamos de traducirlo en palabras, puede que las palabras parezcan inadecuadas, incapaces de capturar la idea original, a veces, incluso pueden parecer banales y triviales. Sin embargo, la idea original, antes de ser traducida a palabras, se había sentido preciosa y llena de significado, como si proviniera de una fuente oculta de sabiduría.

No es necesario que las burbujas de ideas sean poderosas o nos sacudan como un terremoto. Al contrario, con frecuencia, son apenas perceptibles, revoloteando en la periferia de nuestra conciencia. Sin embargo, cuando las advertimos, nos damos cuenta de que las sentimos de forma diferente a nuestros pensamientos ordinarios y de que contienen un tipo especial de realidad y de significación.

La experiencia burbuja es importante para la contemplación porque es más que un simple sentimiento –también implica la comprensión de un tema fundamental. Las burbujas, a veces, también aparecen en las situaciones cotidianas, fuera de un contexto de contemplación concreto, pero normalmente fallamos a la hora de advertirlas porque son débiles y fugaces. La contemplación tiene la doble función de ayudarlas a aparecer y, también, de ayudarnos a advertirlas.

La experiencia de la hondura interior

De algún modo más intensa que la experiencia de la burbuja es la experiencia de la profundidad interior. Aquí, no solo experimentamos una comprensión que llega a nosotros desde "algún otro lugar"; también experimentamos este "algún otro lugar" dentro de nosotros, normalmente como un aspecto dormido o escondido de nuestro ser que está siendo despertado o revelado. Entonces, sentimos como si el yo más conocido –tan conocido que difícilmente nos molestamos alguna vez en pensar acerca de él- fuera simplemente una corteza superficial sobre un ser más profundo. En esta profundidad descubierta de un modo novedoso encontramos una fuente de inspiración que genera comprensiones que son especialmente poderosas y claras.

Este sentido de una nueva hondura es temporal, y desaparece no mucho después de la contemplación. Pero nos deja con una toma de conciencia vívida de que somos más profundos de lo que normalmente parecemos ser.

La experiencia de Lu

Como mencioné anteriormente, a veces, nos sentimos como tocados por algo más grande que nosotros mismos, algo más real o incluso último. Sentimos como si una realidad más grande o más elevada nos está tocando, nos está envolviendo, nos está llenando e invadiendo, a veces, infundiéndonos energías y pensamientos inspiradores. Con frecuencia, esta realidad más grande induce en nosotros un sentido de asombro, de maravilla y de preciosidad.

Es tentador interpretar esta experiencia como un encuentro con un ser más elevado o incluso con Dios. Verdaderamente, tal experiencia ha sido comunicada por muchos místicos de muchas tradiciones religiosas e interpretada como comunicación con un ser divino. Para nosotros, sin embargo, es mejor evitar especulaciones metafísicas. Es suficiente permanecer fielmente a la experiencia misma y hablar acerca de una sensación de una realidad más elevada. Como ya he dicho, la denomino experiencia de Lu, donde "Lu" es una palabra sin significado, como algo apropiado a una realidad que nos deja sin habla.

Diversidad de experiencias

La lista anterior incluye algunas de las experiencias más típicas que pueden acompañar la contemplación pero, por supuesto, no es exhaustiva. Hay tipos de experiencias contemplativas adicionales. Lo que es especialmente importante acerca de ellas es que implican un profundo (aunque temporal) cambio en nuestro estado mental y que nos dan un sentido elevado de realidad, de comprensión y de conectividad con una dimensión fundamental de la realidad.

Capítulo 8

DESPUÉS DE CONTEMPLAR

Cuando nos acercamos al final de la sesión de contemplación, es importante, no terminarla demasiado abruptamente. Finalizarla suavemente permite que la mente digiera e integre la experiencia contemplativa, que reflexione en su significado y que tome de ella lo que haya sido valioso. Esto se puede hacer en uno o en varios procedimientos al final de la sesión.

Reflexión caligráfica

Si tienes alguna habilidad para escribir en caligrafía, incluso si eres principiante, un buen final de la sesión, entonces, es sentarse tranquilamente y escribir una frase, o frases, sacadas del texto. Mientras escribes, intenta no pensar –simplemente escribe las palabras letra a letra cuidadosa y lentamente-. Lo importante aquí no es el producto, sino el proceso de escritura. Esto es por lo que tus habilidades en caligrafía no son importantes. Tu mente, una vez centrada en la acción de la escritura, mantendrá el silencio contemplativo, el cual ayudará a digerir el impacto de la sesión.

Bosquejo de ideas

Para resumir los *insights* que has obtenido durante la sesión, siéntate tranquilamente con una hoja de papel y reflexiona sobre la sesión. Cuando recuerdes una idea significativa de la sesión, dibújala en un bosquejo simple y esquemático. No planifiques ni calcules demasiado – deja que tu mano haga el dibujo-. Intenta evitar detalles excesivos, pero puedes añadir un par de palabras explicativas al lado de alguno de los elementos del bosquejo (por ejemplo, la palabra "flujo de tiempo" seguida de un bosquejo de un río). La intención del bosquejo es servir como un recordatorio simple de la idea, no de una representación detallada de ella.

Por ejemplo, si recuerdas una distinción que hayas realizado durante la sesión entre la luminosidad de la belleza y la fuerza de la bondad, puedes dibujarlo como un círculo y una pirámide. Puedes añadir la palabra "belleza" dentro del círculo y la palabra "bondad" dentro de la pirámide.

Dibuja cada idea en una pequeña parte de la hoja y, después, dibuja la siguiente idea en una sección diferente. De este modo producirás un conjunto de distintos bosquejos distribuidos sobre la hoja de papel. Es mejor dibujar espontáneamente, sin planificar demasiado y sin intentar unificar los distintos bosquejos en un simple dibujo que cubra la página entera.

El proceso de dibujar te permitirá traer a tu mente los distintos *insights* que has obtenido durante la sesión, e integrarlo juntos sin forzarlos en una conclusión artificial.

Paseo presencial

Después de contemplar, puedes dar un paseo, preferiblemente por la naturaleza. Mantén el espíritu contemplativo y suavemente trae a tu mente los *insights* y las experiencias de la sesión, dejándolas flotar en tu conciencia, sin imponer sobre ellas análisis o interpretaciones.

A fin de mantener el espíritu de la contemplación tranquila, puedes convertir tu paseo en una caminata de presencia –un paseo en el que estás plenamente consciente de tu cuerpo, de tus pensamientos y de tu medioambiente. (Como mencioné antes, "presenciar" significa hacer algo presente en tu conciencia.) Las siguientes tres directrices pueden ayudarte a que hagas este paseo efectivo:

En primer lugar, suavidad: sea lo que sea que hagas con tu cuerpo o tu mente, hazlo suavemente. Evita la brusquedad. Pasea tranquilamente, gira tus ojos de forma suave, mueve tus brazos con delicadeza. Puedes tocar suavemente una piedra, una hoja o la tierra.

En segundo lugar, la visión periférica: en lugar de enfocar tus ojos en un objeto específico, intenta extender tu atención visual sobre tu entero campo visual.

En tercer lugar, presencia: sea lo que sea que veas, oigas o sientas, hazlo presente en tu conciencia.

No fuerces estas tres pautas, sino que más bien, fluye con ellas. No deberían ser una distracción, sino ayudas para volverte más atento y tranquilo.

Mantener un recordatorio dentro

Los finales de arriba pueden llevar diez o quince minutos, más o menos, inmediatamente después de la sesión de contemplación. También puedes hacer un ejercicio más largo que se alargue varias horas. Para hacer esto, elige una frase que te haya tocado significativamente durante la contemplación, o formula una nueva. Ahora, durante el resto del día, intenta mantener la frase en tu mente. No tienes que pensar en ella de forma explícita, simplemente mantenla en el fondo de tus pensamientos.

Naturalmente, te distraerás fácilmente con los asuntos cotidianos, probablemente durante largos periodos de tiempo. Esto es completamente aceptable. Pero cuando notes que lo has perdido, recupérate a ti mismo y recita la frase un par de veces en tu mente. También puedes hacer un gesto simple –tocar tu corazón, inclinar tu cabeza, etc. –como un signo de recuerdo y de reconocimiento–.

Mientras haces todo esto, podría aparecer una nueva idea "burbuja" en tu mente, resonando, quizás, con la frase seleccionada o en respuesta a ella. Adviértela suavemente como si hubieras recibido un regalo.

Capítulo 9

EL CONTEMPLADOR FILOSÓFICO

La contemplación filosófica no es accesible por igual a todo el mundo. A fin de convertirte en un contemplador filosófico, ayuda poseer determinadas sensibilidades e inclinaciones y, hasta cierto grado, un cierto recorrido y experiencia. Para algunas personas estas cualidades son naturales; otras, necesitan despertarlas; mientras que aún existen personas que deben desarrollarlas con esfuerzo.

Apertura de ideas

Una cualidad importante es la apertura de ideas –no necesariamente un deseo de acumular conocimiento filosófico, sino una mente flexible que pueda experimentar con nuevas ideas sin quedarse pegado a opiniones o a prejuicios–. Esto significa que eres capaz de trascender la necesidad humana de juzgar, de afirmar y de estar de acuerdo o en desacuerdo; y que puedes reflexionar con voluntad genuina de ir donde tus reflexiones te lleven. Lo opuesto a la apertura es tener pensamientos rígidos y obstinados, o tener pocas opiniones. Si eres testarudo, te aferras a ciertas opiniones y rechazas considerar seria y honestamente cualquier alternativa. Si estás verdaderamente abierto a las ideas, puedes admirar el paisaje de ideas sin condiciones previas, sin estar de acuerdo o en desacuerdo, sin saber de antemano donde debes terminar.

Esto no debería ser tan difícil como podría parecer. La contemplación no requiere que cambies tus puntos de vista personales y que estés de acuerdo con el texto, sino, más bien, que pongas en suspenso tus puntos de vista y escuches, verdaderamente, ideas nuevas.

Pasión por la investigación filosófica

Las ideas filosóficas tienen un tremendo poder para inspirarnos, movernos e iluminarnos. El problema es que mucha gente trata las ideas filosóficas como una materia abstracta y muestran poco interés en ellas. Pero para el contemplador filosófico, las ideas filosóficas son una fuente de vida preciosa.

Para ser un contemplador filosófico debes encontrar sentido y significado en la investigación filosófica. Esto no significa simplemente que "disfrutas" leyendo filosofía, o que te "gusta" hablar de ella. La pasión es mucho más que el mero disfrute o el simple interés. Significa que los grandes temas de la vida son importantes y significativos para ti, y que te mueven y te inspiran.

¿Qué es el significado de la vida? ¿Qué es el verdadero amor? ¿Qué es la verdad? Mientras que algunas personas podrían descartar tales cuestiones como preguntas ociosas o como simple entretenimiento, otros las encuentran importantes y emocionantes. Para ellos, la vida sin explorar estos temas es superficial e incompleta.

Si tienes una mentalidad filosófica, entonces las ideas filosóficas están vivas dentro de ti. Esto no requiere que tengas una fuerte creencia en una teoría particular –una idea filosófica viva no es un dogma al que adherirse–. Por el contrario, una convicción filosófica que está establecida como un producto terminado no está viva. Está viva en ti si se mantiene desconcertándote e intrigándote, generando en tu mente nuevos *insights* y consideraciones, y adquiriendo nuevos significados e implicaciones. Una idea filosófica viva es una semilla de nuevas comprensiones que evolucionan y que ocupan tus pensamientos, al menos, de vez en cuando.

El contemplador filosófico es, por tanto, alguien que trata las ideas filosóficas como un asunto serio, y que deja que resuenen dentro de él a lo largo de su vida. No tiene por qué tener, necesariamente, una teoría sobre la vida, o una opinión sobre este o aquél tema filosófico, pero está en sintonía con las ideas filosóficas como una fuente viva dentro de él. Su vida cotidiana incluye un diálogo continuo con ellas.

Anhelo

Para ser un contemplador filosófico debes tener, también, un anhelo de comprender la vida y la realidad.

Deber ser un buscador –alguien que busca sentido, que busca la verdad, que busca una sensación de realidad y de profundidad.

Anhelar no es lo mismo que desear. Cuando deseamos algo –un pastel, o dinero, o sexo–, queremos utilizar el objeto para nuestra propia satisfacción; queremos sostener el objeto y traerlo hacia nosotros. Por el contrario, en el anhelo, el movimiento va en dirección opuesta: queremos salir de nosotros mismos hacia lo que anhelamos, queremos ofrecernos nosotros mismos a ello.

Anhelar, en este sentido, es probablemente bastante raro. Muchas personas quieren ser felices, ganar dinero, poder o fama para desarrollarse a sí mismos, pero todas estas cosas no son lo mismo que anhelar. De hecho, son casi su opuesto. En el anhelo, el tema central no es la satisfacción de tus necesidades, sino salir fuera de ti mismo hacia aquello que anhelas. Anhelar es como estar enamorado: tu corazón está con el amado. Así como el verdadero amante está listo para sacrificar su felicidad por el bien del amado, una persona que anhela no se preocupa por sí misma, sino por lo que anhela.

Para ser un verdadero contemplador, debes ser alguien que anhela. Tu anhelo no tiene que torturarte incesantemente, pero debe estar en el fondo de tu vida. Si practicas los ejercicios de contemplación simplemente porque quieres entretenerte, o sentirte bien, o mejorar tus habilidades, entonces no estás contemplando plenamente. Contemplar es un acto de salir de ti mismo, de tus necesidades, de tu mundo auto-centrado.

Por tanto, un contemplador filosófico es un buscador. Eres un buscador si estás en casa cuando preguntas, cuando estás en el camino, no cuando encuentras una respuesta. Esto significa que estás buscando algo diferente de lo que satisface a la mayor parte de la gente: un buen salario, un matrimonio estable, posesiones, reputación, poder, comodidad. Un buscador está siempre en busca. Buscar es un modo de ser, no un estado temporal hasta que él/ella encuentra lo que quiere. Él/ella anhela una clase de vida más elevada, anhela ser tocado por la verdad y la realidad, y tales anhelos nunca están satisfechos. La verdadera búsqueda es un modo de ser.

La disposición contemplativa

Mucha gente está verdaderamente interesada en la filosofía, pero no tienen una inclinación por la contemplación. Pueden ser muy buenos discutiendo cuestiones fundamentales; pueden sentirse fascinados por teorías acerca del mundo; pero siempre mantienen la actitud de un pensador académico, la de un observador que mira ideas de un modo intelectual.

No hay nada de malo en esta actitud, pero no es la actitud del contemplador. Un contemplador tiene la habilidad y la inclinación de resonar *con* las ideas, no simplemente de pensar *sobre* ellas.

Este no es un modo habitual de relacionarse con las ideas. No requiere mera inteligencia o pensamiento lógico, sino, más bien, atención al interior de uno y sensibilidad hacia la profundidad interior de uno, de un modo parecido al poeta. Esto es por lo que un buen filósofo académico no es necesariamente un buen contemplador, y viceversa. Los dos están participando de estados mentales distintos que implican habilidades y sensibilidades diferentes. Sin embargo, no son opuestos. La combinación de las buenas capacidades analíticas y la proclividad contemplativa puede ser realmente poderosa.

Capítulo 10

TEXTOS PARA LA CONTEMPLACIÓN

Los siguientes son dos ejemplos de textos filosóficos apropiados para la contemplación. Están condensados y no son demasiado largos, y están relacionados con aspectos de la vida cotidiana. Advierte que ambos han sido ligeramente modificados para hacerlos más legibles.

Puedes encontrar más textos en la sección "Philosophical Topics" de mi *website Agora* en: https://philopractice.org; o textos en español en https://philopractice.org/web/esp

De "Meditaciones", de Marco Aurelio[8]

Marco Aurelio (121-180 AD) fue un Filósofo y un emperador romano de la escuela de filosofía Estoica. Como estoico, enfatizó la importancia de mantener la paz interior, aceptar el destino calmadamente, la liberación del poder de las emociones, y estar en armonía con el cosmos.

Los siguientes pasajes son del libro de Marco Aurelio, Meditaciones, el cual, de hecho, fue un libro de notas donde escribió sus reflexiones personales. Dichos pasajes nos dicen que el verdadero yo –"el principio rector" o "el

---

8. Adaptado de Marco Aurelio, Meditaciones, Ed. Gredos, Madrid, 2011 (Traducción de Ramón Bach Pellicer)

daimon" (algunas veces traducido como "la facultad que gobierna") – es la facultad racional dentro de la persona. Es el elemento dentro de nosotros que sigue la Razón, que ve la perspectiva más amplia de las cosas, que piensa de forma calmada, que es imperturbable a las emociones y que está libre de los apegos emocionales. Cuando seguimos esta guía interior, somos verdaderos a nuestra naturaleza humana, y estamos en armonía con el Logos que rige el cosmos.

Del LIBRO 2

9. *Es preciso tener siempre presente esto: cuál es la naturaleza del universo entero y cuál es la mía, y cómo se comporta ésta respecto a aquélla y qué parte soy yo en el conjunto. Y que no hay nadie que te impida obrar siempre y decir lo que son las cosas de acuerdo a la naturaleza del todo del que tú eres una parte.*

17. *Todo lo que pertenece al cuerpo es una corriente, y lo que pertenece al alma es un sueño y vapor; y la vida es guerra y una estancia en tierra extraña; y después de la fama, el olvido. ¿Qué entonces, puede guiar a una persona? Una y solo una cosa –la filosofía. Pero ésta consiste en preservar el guía interior que está dentro de ti libre de ultrajes y de daño, dueño de placeres y penas, sin hacer nada sin propósito, sin falsedad o hipocresía, sin descansar en lo que otro haga o deje de hacer. Más aún, aceptando lo que acontece, y todo ello se te asigna como procediendo de aquel lugar de donde tú mismo provienes. Y,*

finalmente, aguardando la muerte con una mente alegre, en la convicción de que ésta no es otra cosa que la disolución de los elementos de que está compuesto cada ser vivo.

Del LIBRO 7

16. *Mi guía interior no se altera por sí mismo; no se asusta ni se aflige. [...] El guía interior, por su misma condición, carece de necesidades, a no ser que se las cree. Por eso mismo no tiene tribulaciones ni obstáculos, a no ser que se perturbe y se ponga obstáculos a sí mismo.*

28. *Recógete en ti mismo. El principio racional que gobierna se basta a sí mismo por naturaleza cuando hace lo que es justo, y, al hacerlo, conserva la calma.*

Del LIBRO 8

43. *Uno se alegra de una manera, otro de otra. En cuanto a mí, si tengo sano mi guía interior, me alegro de no rechazar a ningún hombre ni nada de lo que a los hombres acontece; antes bien, de mirar y de aceptar todas las cosas con ojos benévolos y usando cada cosa de acuerdo a su mérito.*

48. *Ten presente que el guía interior es inexpugnable. Cuando está concentrado en sí mismo, está satisfecho consigo mismo, si no hace nada que no elija hacer [...] Por esta razón, la inteligencia libre de pasiones es una ciudadela, porque el hombre no dispone de ningún reducto más fortificado en el que pueda refugiarse. El que no se ha dado cuenta de eso es un*

ignorante, pero quien se ha dado cuenta y no se refugia en ella es un desdichado.

2. De "El Super-Alma", de Emerson[9]

Ralph Waldo Emerson (1803-1882) fue un filósofo, escritor y poeta americano que fue líder del movimiento Trascendentalista del siglo XIX. Los siguientes, son pasajes seleccionados de su ensayo "El Super-Alma" (algunas frases ligeramente simplificadas). Para Emerson, el "super-alma" es una dimensión más elevada de la existencia que es la fuente de inspiración, de la bondad, de la belleza y de la sabiduría.

El hombre es una corriente cuya fuente está oculta. Nuestro ser desciende en nosotros desde no sabemos dónde. El calculador más exacto no puede predecir que algo incalculable suceda en el momento siguiente. Estoy obligado a cada instante a reconocer un origen de los acontecimientos es superior a la voluntad que yo llamo "mía".

Con los pensamientos ocurre como con los acontecimientos. Cuando contemplo ese río que, desde regiones que no veo, vierte durante una época sus corrientes en mí, veo que soy un pensionista, no una causa, sino un sorprendido espectador de esta agua etérea, y que deseo y elevo la mirada y adopto una

---

9. Adaptado de Ralph Waldo Emerson, Ensayos, Ensayo IX: La Superalma, Ed. Cátedra, Madrid, 2015 (Traducción de Javier Alcoriza).

actitud receptiva, pero las visiones llegan a mí desde una energía extraña, [...]

Vivimos en la sucesión, en la división, en partes, en partículas. Entretanto, dentro de cada persona está el alma del todo, el sabio silencio, la belleza universal con la que se relaciona por igual toda parte y partícula, el eterno UNO. Este profundo poder en que existimos y cuya beatitud es accesible para nosotros, no solo es autosuficiente y perfecto a cada hora, sino que el acto de ver y la cosa vista, el que ve y el espectáculo, el sujeto y el objeto son uno. [...]

Todo muestra que el alma en el hombre no es un órgano, sino que anima y ejercita todos los órganos; no es una función, como el poder de la memoria, del cálculo, de la comparación, sino que los usa como pies y manos. No es una facultad, sino una luz. No es el intelecto o la voluntad, sino el maestro del intelecto y la voluntad; es el trasfondo de nuestro ser, en el que yacemos, una inmensidad no poseída y que no puede ser poseída. Desde dentro o desde atrás, una luz brilla a través de nosotros sobre las cosas y nos hace saber que nosotros no somos nada, que la luz lo es todo. Una persona es la fachada de un templo en el que habitan toda la sabiduría y todo el bien.

www.ingramcontent.com/pod-product-compliance
Lightning Source LLC
Chambersburg PA
CBHW052203110526
44591CB00012B/2057